LE

BOULANGISME

PAR

YVES GUYOT

DÉPUTÉ DE LA SEINE

PRIX : 10 CENTIMES

PARIS

VENTE AU BUREAU DE L'IMPRIMERIE

34, Rue Saint-Sulpice, 34

Troyes. — Dufour-Bouquot.

I

Je suis anti-boulangiste, parce que le général Boulanger représente le coup d'Etat, la dictature et la guerre.

Un naïf me répond : — Le général et ses amis prétendent que ce n'est pas vrai.

A cela je réplique : — On voit des criminels qui, suivant le conseil d'Avinain, n'avouent jamais après le crime ; à plus forte raison, un escroc ne prévient pas sa dupe de l'escroquerie qu'il va commettre ; un voleur n'informe pas le propriétaire de la nuit et de l'heure où il le dévalisera ; un assassin ne dit pas à sa victime de se tenir sur ses gardes. Louis-Napoléon Bonaparte disait la veille du 2 décembre : « Je verrai des ennemis dans tous ceux qui voudraient changer l'ordre de choses établi. »

Le général Boulanger et ses amis peuvent protester de la parfaite innocence de leurs intentions, j'ai de la méfiance ; j'en ai d'autant plus que leurs actes ont plus souvent contredit leurs paroles.

J'en ai d'autant plus qu'emportés par la logique de leur situation, ils ont eux-mêmes proclamé que leur politique avait pour conséquences le coup d'Etat et la dictature.

II

Actes et Paroles

J'ai de la méfiance, car je ne puis concilier ses déclarations et les faits suivants :

Ministre de la guerre, le général Boulanger disait : « L'armée ne doit pas faire de politique, il n'en sera fait par personne. »

Commandant de corps d'armée, il ne s'occupe que de politique.

Ministre, il disait : « Tant que je serai son chef, l'armée n'a pas à être juge, elle n'aura qu'à obéir. »

Commandant de corps d'armée, il n'obéit pas.

Ministre, il mettait en non activité et plaçait hors cadre le général Schmitz pour s'être permis un blâme indirect à l'un de ses actes.

Commandant de corps d'armée, il se fait interviewer pour attaquer le Ministre de la guerre.

Ministre, il a frappé le général Saussier parce qu'il avait publié une lettre insignifiante sans autorisation.

Général, il fait publier des lettres par MM. Laur et Laguerre, en disant : « Ce n'est pas moi ! » Malice cousue de fil blanc !

Ce commandant de corps d'armée, d'une discipline si sévère pour les autres, vient à Paris avec des déguisements de Tricoche pour organiser une propagande électorale sur son nom, à lui, général inéligible !

Ce commandant de corps d'armée, ce général affirme qu'il est resté étranger aux actes de M. Thiébaut, et, dans des dépêches adressées au comte Dillon, il « recommande de travailler ferme la presse et l'opinion. »

Clérical à Belley, assidu aux offices, il écrit au duc d'Aumale la lettre suivante :

7e CORPS D'ARMÉE
13e Division
25e BRIGADE
—
133e Régimt d'infanterie
—
COLONEL
—
No

Belley (Ain), 8 Mai 1880.

Monseigneur,

C'est vous qui m'avez proposé pour général ; c'est à vous que je dois ma nomination.

Aussi, en attendant que je puisse le faire de vive voix à mon premier passage à Paris, je vous prie d'agréer l'expression de ma vive reconnaissance. Je serai toujours fier d'avoir servi sous un chef tel que vous, et béni serait le jour qui me rappellerait sous vos ordres.

Daignez agréer, Monseigneur, l'assurance de mon plus profond et plus respectueux dévouement.

Général BOULANGER.

A Monseigneur le duc d'Aumale.

Paris

Expulsant en 1886 le duc d'Aumale, il nie la lettre jusqu'à ce que l'autographe en soit mis sous les yeux du public.

Rentré dans la vie civile, candidat, député, il continue ses contradictions :

Le 30 mai 1887, en quittant le Ministère, il affirme sa « fidélité aux lois constitutionnelles, dont le respect doit, dans nos cœurs, dominer tous les autres sentiments. »

C'est pourquoi il n'a pas de termes de mépris assez forts pour elles !

Le 3 mars 1888, il écrivait : « Jamais, pour quoi que ce soit, et à quelque époque que ce soit, je ne ferai alliance avec les ennemis de la République. »

C'est pourquoi il a pour allié le marquis de Breteuil, monarchiste, et le baron Dufour, bonapartiste.

Le 12 avril, il déclare qu'il aspire à la Présidence de la République.

Le 27 avril, il affirme qu'il en votera la suppression. Dans son projet de résolution du 4 juin, voici comment il la comprend : « Ce qui importe, c'est que le chef de l'Etat cesse d'avoir la situation effacée que lui a faite la Constitution de 1875. »

Le 10 avril, il déclare « qu'il ne veut représenter à la Chambre que les électeurs du Nord. »
Le 21 avril, il déclare « qu'il est et entend rester député du Nord. »

C'est pourquoi il devient candidat dans l'Ardèche, dans la Charente-Inférieure, dans la Somme et dans la Seine, sans compter les départements où il pose sa candidature tout en la désavouant !

Dans d'autres circonstances, on trouve les mêmes contradictions.

Se trouvant insulté, au Sénat, par M. de Lareinty, il choisit le pistolet au lieu de l'épée, et il a l'air de faire une grâce à son adversaire. Son pistolet rate, et le général Boulanger fait dire : « Le général n'a pas tiré, » et, par cette équivoque, tourne un accident en apparence de générosité.

Le 22 juillet 1887, M. Jules Ferry l'ayant appelé « Saint-Arnaud de café-concert, » il veut un duel au pistolet « pour égaliser les chances, » dit-il. Ses témoins émettent des prétentions en dehors de toutes les habitudes. Les témoins de M. Jules Ferry eurent le tort de paraître reculer. M. Boulanger s'écria qu' « il ne voulait pas d'un duel presque sans danger, » « un duel pas sérieux, » « une réparation dérisoire « *(Lettre du 6 août)*.

Jugeait-il donc ainsi son duel avec M. de Lareinty? Alors, c'était donc un duel pour rire, pour amuser la galerie, et non pas « pour venger son honneur de soldat? »

Le 13 juillet 1888, il lance une insulte à M. Floquet, président du Conseil, en transportant à la tribune un langage qui ne serait pas toléré dans un corps de garde. Cette fois, c'est un civil qui lui demande réparation. Il n'a pas recours au pistolet que M. Boulanger semblait accorder par condescendance; ce pékin choisit l'épée, l'arme de l'officier, l'arme française par excellence, et on s'aperçoit que si M. Boulanger, dans ses duels, réclamait le pistolet, l'arme du hasard, c'est qu'il ne savait pas se servir de l'épée.

Il semble calqué sur le portrait que Salluste a tracé de Catilina : « Capable de tout feindre et de tout dissimuler, avide du bien d'autrui, il avait assez de faconde mais peu de jugement. Un immense désir d'asservir la République s'était emparé de lui : peu lui importaient les moyens d'atteindre ce but. »

III

Son Programme

Le général Boulanger parle « des mains qui exploitent la République ; » « des convulsionnaires de la Chambre ; » des « politiciens déconsidérés ; » du Parlement « stérile et impuissant. »

Il veut les remplacer « par le droit de la nation, » « la République de tout le monde. » Il veut « donner aux paysans le pouvoir d'être leurs propres mandataires et d'améliorer eux-mêmes leur sort. » (*Discours de Nevers*, 2 décembre 1888).

C'est pourquoi il veut faire la République d'un seul.

« Ce qui importe, c'est que le chef du pouvoir exécutif cesse d'avoir la situation effacée... » (4 juin 1888).

« Un seul ministre suffit, c'est le Président

de la République. » (*Parti national*, 18 avril 1888).

« La Chambre doit être formée par des délégués du peuple, pour voter ou repousser sans discussion les lois élaborées par un Conseil d'Etat. » (18 avril 1888).

Un seul homme parlant et agissant; des ministres qui ne sont que ses commis; une Chambre muette : c'est ce que le général Boulanger appelle « la République de tout le monde ; » nous appelons cela, nous : la dictature d'un seul !

Cette conception de constitution est ce qu'il appelle « la République fondée sur le respect de la liberté et la souveraineté du peuple. » Nous appelons, nous, ce plagiat de la Constitution de 1852, la suppression de la liberté et l'anéantissement du suffrage universel.

Il a avoué lui-même la manière dont il considère le peuple.

« Il faut un Gouvernement fort. »

« Le peuple a besoin qu'on s'occupe de lui

comme d'un enfant. » (10 avril 1888. *Lettre à M. H. Loyson*).

Le général Boulanger lui promet la pâtée, s'il est bien sage ; il lui donnera le fouet, s'il n'est pas obéissant.

Comme Bonaparte, il appelle « souveraineté du peuple » la remise de tous les pouvoirs du peuple entre ses mains.

Comme il prétend incarner le peuple, du moment qu'il sera le maître, c'est le peuple qui sera souverain. « Quand Stanislas buvait, la Pologne était ivre. »

La politique, pour M. Boulanger, « c'est un duel entre moi et le Parlement. »

Dans son manifeste aux électeurs de la Seine, il répète le pronom possessif vingt-cinq fois.

Lui seul et c'est assez ! Lui et toujours lui ! Voilà son seul programme !

A cette question : — Que ferez-vous ? Quel est votre plan ? votre programme ? Les Boulangistes répondent : — Vive Boulanger ! — Qu'entendez-vous par la révision de la Constitution ? — Vive Boulanger ! — Quelle est votre Constitution ? — Vive Boulanger ! — Veut-il être président, dictateur, empereur ? — Vive Boulanger ! — Est-ce la guerre, la paix ? — Vive Boulanger ! — La République, l'Empire, la Monarchie ? — Vive Boulanger !

Ave Cesar !

IV

Le coup d'Etat

— Soit : c'est la dictature ! me dit le naïf, mais ce n'est pas le coup d'Etat. Le général Boulanger n'a-t-il pas dit à Nevers : « L'histoire n'aurait rien à reprocher à Louis-Bonaparte s'il s'était borné à prendre le pays comme juge suprême. »

— Eh ! ne vois-tu pas que cette phrase même contient la théorie du coup d'Etat. C'est ce que Louis-Napoléon Bonaparte appelait « sortir de la légalité pour rentrer dans le droit. » Il brise la Constitution, et se fait plébisciter.

Mais pour être sûr que le pays ne lui donnerait pas tort, il emprisonne ses adversaires et massacre les gens sur le boulevard. Dans les départements, il fait la chasse à ceux qui défendent la République; il guillotine et fusille les défenseurs de la République, il déporte et exile les autres; il défend aux journaux d'écrire, sinon pour chanter ses louanges; aux gens de parler, sinon pour célébrer ses vertus.

Mis à même, le général Boulanger agirait-il autrement?

Il insinue qu'un coup d'État se fait à l'amiable, et qu'il pourrait casser une Constitution et confisquer un pays sans avoir recours aux moyens de Louis-Napoléon Bonaparte. Cette naïveté prouve la confiance, poussée jusqu'à l'abus, qu'il a dans la crédulité de ses partisans.

Il lui était réservé d'ajouter à toutes ses promesses de charlatan le coup d'État anodin et bénin.

Les hommes du Deux-Décembre ne s'y sont pas trompés, et l'ont salué comme frère. De Maupas, sur son lit de mort, lui a rendu hommage, comme Berryer, sur son lit de mort, rendait, il y a vingt ans, hommage à Baudin !

Il était encore Ministre de la guerre, que M. Delafosse allait le trouver et lui disait : — « Devenez le maître ! prenez la dictature militaire ! » et que le général Boulanger répondait à cette proposition de trahison en l'invitant à déjeuner.

Depuis, M. Laguerre, à un rédacteur du *Nouvelliste de Rouen*, disait : « Je ne serais pas, à la rigueur, ennemi d'un coup de force qui briserait la résistance du Sénat et celle du Président. »

— Et la Constitution ? demanda le journaliste, qu'en faites-vous dans tout cela ?

« M. Laguerre sourit avec un léger haussement d'épaules. »

Mais M. Laguerre n'eût-il rien dit, M. Boulanger n'eût-il pas rendu hommage à Louis-

Napoléon Bonaparte, ne serait-il pas entouré d'hommes du Deux-Décembre et de leurs descendants, que j'aurais le droit de considérer la politique de M. Boulanger comme celle du coup d'Etat, car c'est son seul dénouement !

V

La Guerre

Supposons, par une hypothèse impossible, que le coup d'État de M. Boulanger réussisse, que 1851 puisse se recommencer ; que se passera-t-il ?

L'histoire de tous les temps nous l'apprend.

Le despote ne peut tenir les promesses contradictoires qu'il a faites. Si serré que soit le baillon avec lequel il a étouffé le pays, il entend des murmures, il surprend des soubresauts qui annoncent le réveil. Alors il essaye de distraire le pays de son oppression intérieure en le jetant dans la guerre : et il fait la guerre, non pas dans un intérêt national, mais dans l'intérêt de sa politique. Il la fait comme dérivatif. C'est une saignée qu'il donne à l'élément jeune et actif.

Louis-Napoléon Bonaparte avait crié à Bordeaux : « l'Empire, c'est la paix ! » Dès le lendemain, il faisait contre la Russie la guerre de Crimée pour un prétexte qui fait hausser les épaules aujourd'hui ; il a continué par la guerre permanente : Chine, Italie, Mexique, et enfin, pour assurer le trône à son fils, la funeste guerre de 1870 !

M. Boulanger fait répéter aussi « qu'il veut la paix. » Nous avons le droit d'ajouter à sa parole la confiance qu'a méritée celle de Louis-Napoléon.

Serait-il de bonne foi aujourd'hui, qu'il serait emporté par la logique de sa situation : il ferait la guerre, s'il arrivait au pouvoir, parce qu'il ne peut gouverner que par la guerre.

Cette guerre ne serait pas la guerre de la

France. Ce serait la guerre de Boulanger, comme la guerre de 1870 fut la guerre de l'Impératrice.

VI

La moralité politique du boulangisme

Les moyens de propagande politique dont se servent M. Boulanger et ses partisans, nous indiquent les scrupules qu'il apporterait dans le Gouvernement de la France, si jamais il arrivait au pouvoir.

Déjà, il trouve moyen de supprimer la liberté des électeurs par ses escouades d'agents payés, de camelots, de gens embauchés pour tout faire, sous la direction de Wallet, ancien directeur de la Sûreté. Ils se précipitent sur le département où il opère. Se présente-t-il? Non-seulement ils l'acclament, mais ils assomment ceux qui protestent ou simplement ne partagent pas leur enthousiasme.

Y a-t-il une réunion? Ils s'y précipitent, envahissent la tribune, et ne permettent que les cris de : Vive Boulanger !

En même temps, il les munit de sifflets à roulette contre ses adversaires.

Ces misérables moyens montrent le respect que le général Boulanger et ses amis ont pour le suffrage universel qu'ils prétendent défendre : ils procèdent par intimidation et par corruption.

On le voit se promener avec l'écharpe de député — qu'il veut déchirer dans l'avenir — sur son pardessus, afin qu'il n'y ait pas d'erreur sur sa personne : C'est lui ! Le voilà ! *Ecce homo !*

On distribue des chromolithographies qu'on lui envoie de Hambourg (Allemagne), où il est représenté en bellâtre, couvert de galons d'or et de croix, de plumes.

Ces procédés sont connus, ils sont ceux de Mangin, de Barnum, et autres charlatans plus où moins célèbres. Ils réussissent auprès des ignorants et des badauds.

Quant à moi, ils suffiraient pour m'empêcher d'être boulangiste.

Et ici je pose une question à tous les partisans du général Boulanger.

D'où vient l'argent?

Non-seulement il dépense de l'argent dans un but politique, mais il en dépense encore largement pour ses besoins personnels. D'où vient l'argent?

Il y a eu en Angleterre, pour des œuvres politiques et sociales, de larges souscriptions; il y en a eu aussi en France : mais elles se faisaient à découvert.

Ici, elles sont mystérieuses.

Le général Boulanger a dit qu'il avait reçu 400,000 francs d'Amérique, de connaissances qu'il avait faites lors de sa mission militaire au centenaire. Ce serait la preuve qu'il avait eu une singulière manière de la comprendre.

On est en droit de supposer qu'il en a reçu

du comte de Paris ou de ses amis et de certains bonapartistes.

Si c'est de l'argent de l'étranger, il contracte, dans le but de devenir le maître de la France, des dettes qu'il faudra qu'il paie. Comment? Monopoles, fournitures d'armée, influences de toutes sortes.

Je ne peux pas comprendre par quel artifice le général Boulanger concilie son patriotisme et ses obligations.

S'il touche de l'argent des monarchistes et des bonapartistes, est-ce donc pour rien? n'est-ce pas à la condition qu'il en fasse œuvre contre la République?

Comment concilie-t-il ses cris de : Vive la République! et les ressources qu'il accepte pour la détruire?

De toutes manières, le général Boulanger est un homme en commandite. Il y a des gens qui pontent sur lui; il a un parti de *bookmakers* dont il est l'enjeu!

En même temps, lui et ses partisans parlent

avec dédain « de la corruption du régime parlementaire, » et « de ses hontes, » et « de ses gaspillages, et des compétitions qui l'avilissent. »

C'est bien le même général Boulanger qui, dans un souper de rastaquouères et de filles, leur a promis de les débarrasser de la « voyoucratie » pour la remplacer par le règne « des honnêtes gens » — le leur !

Le général Boulanger n'a qu'un point fixe dans son orientation politique : « Arracher la France aux institutions libres pour en faire « sa proie. »

Ce mot, qu'il ose appliquer aux autres, résume l'idéal rapace qu'il poursuit avec ses commanditaires et ses complices.

VII

Les Boulangistes

Nous rappelons que le 3 mars 1888 le général Boulanger écrivait : « Jamais, pour quoi que ce soit, et à quelque époque que ce soit, je ne ferai aucune alliance avec les ennemis de la République. »

Un mois après, il demandait les voix des électeurs bonapartistes et réactionnaires du Nord, et se faisait patronner dans la Dordogne par le baron Dufour.

Depuis, s'il continue à crier : Vive la République ! il a jeté tout masque.

Le jour du mariage de sa fille, à l'église de Passy, M. Boulanger a passé la revue de son état-major. En voici la composition :

Républicains : MM. Naquet, Laguerre, Henri Rochefort, Vergoin, Laur, Laisant, Le Hérissé, Turquet, Michelin, Kœchlin-Schwartz, de Susini, Gaston Laporte, Farcy, Saint-Martin, Vacher, colonel Astima, de Ménorval, Lalou.

Bonapartistes et Monarchistes : MM. Cunéo d'Ornano, Jolibois, Dugué de la Fauconnerie, duc de Feltre, Lenglé, Roy de Loulay, Robert Mitchell, baron Eschassériaux, Calvet-Rogniat, de Martimprey, général de Lacretelle, Gaudin de Vilaine, baron Dufour, Albert Duchesne, des Rotours, général du Barrail, Thellier de Poncheville, P. Chassaigne-Goyon, Galpin, Marius-Martin, Quentin-Bauchart, Maurice Binder, vicomte de Turenne, Georges Thiébaut, Clément de Royer, baron de la Bouillerie, Hyrvoix, de Legge, marquis de Villeneuve, de Loqueyssie, Xavier Feuillant, de Montéty, Bottieau, Georges Lachaud.

La reine de la fête est la duchesse d'Uzès.

Parmi les adeptes de M. Boulanger, il faut ajouter à cette liste M. Emile Ollivier, l'homme de la fin de l'Empire, qui l'avait salué en même temps que M. de Maupas, l'homme du commencement; M. Pau de Cassagnac, qui témoigne toutes ses sympathies pour « cette catapulte de la République; » le marquis d'Estourmel, qui l'a patronné dans la Somme, et le marquis de Breteuil, qui a mis le comte de Paris et les monarchistes, et lui-même à sa suite !

VIII

Le 31 décembre 1888, voici en quels termes est patronnée, dans la Charente, la candidature du candidat boulangiste : « Voter pour M. Duport, c'est assurer le triomphe d'une liste de droite aux élections de 1889. »

Des républicains de bonne foi ont pu croire un moment que M. Boulanger représentait la République, le radicalisme, le patriotisme.

Aujourd'hui, une semblable méprise n'est plus duperie, c'est complicité.

Toute équivoque a disparu : voter pour Boulanger, c'est voter contre la République !

C'est voter aussi pour le cléricalisme, car sur ce point « sa conscience » n'a jamais varié. (11 août 1888).

IX

Les Électeurs de Boulanger

Cette équivoque, du reste, a fait beaucoup moins de dupes que les partisans du général Boulanger ne le prétendent.

Mais voyons les faits : Candidat dans les Bouches-du-Rhône, il n'a eu qu'un nombre de voix insignifiant ; dans l'Ardèche, il a été battu ; dans l'Isère, où sa candidature était posée hypocritement, il n'a obtenu qu'une minorité insignifiante.

Où a-t-il été élu ? Dans la Dordogne, une des anciennes citadelles du bonapartisme !

Dans le Nord, dans la Somme, dans la Charente-Inférieure. Ces trois départements font partie des onze départements où la députation se compose d'une majorité réactionnaire et de quelques républicains.

Candidat des réactionnaires, du comte de Martimprey, dans le Nord, du marquis d'Estourmel, dans la Somme, de tout le parti bonapartiste, dans la Charente-Inférieure, il est leur élu : et il n'est que leur élu. Le nombre des républicains plus ou moins douteux qui ont leur part de responsabilité dans ses succès est très limité.

Les départements complètement républicains sont au nombre de cinquante-sept. Il n'a pu encore se faire élire par aucun d'eux : Ce ne sera pas le département de la Seine qui donnera l'exemple d'une telle aberration !

X

Les Dévots de Boulanger

On habille un morceau de bois, on le couvre de soie, de médailles, d'ornements d'or, on le met dans une niche ; des gens font brûler des cierges devant lui, lui adressent des prières, lui demandent fortune, santé, bonheur, pluie ou beau temps : c'est le fétichisme !

Adorer un nom, un homme à cheval, à panaches, à passementeries, et croire qu'il est capable, par un pouvoir magique, de faire le bonheur d'un peuple, de créer de la richesse, de concilier les économies et les dépenses, de résoudre toutes les questions qu'il ne connaît pas : c'est la forme politique du fétichisme.

Elle s'est appelée le bonapartisme.

Elle s'appelle le boulangisme.

Non-seulement ces mots ont de commun les lettres initiales et finales, mais ils représentent le même esprit.

XI

Un Parallèle

Les boulangistes reprochent au Parlement son impuissance. Bien.

Ouvrez le *Bulletin des Lois* de 1851 à 1870, pendant les dix-huit années de despotisme impérial, où sont les réformes? les lois importantes? Pendant ces années silencieuses, il n'y avait point de « bavards » pour retarder une Chambre muette; s'il y avait des intrigues de Cour, il n'y avait point d'intrigues parlementaires, puisque les ministres n'étaient responsables que devant l'empereur; il n'y avait point d'interpellations, ni de questions politiques, puisqu'elles étaient interdites; et cependant, si vous ouvrez le *Bulletin des Lois*, vous n'y trouverez que le néant.

Nous avons une Constitution chargée d'impedimenta, soit. Il n'y a que onze ans, à partir du lendemain du 16 mai, qu'elle fonctionne régulièrement; elle a donné comme grandes lois, la liberté de la presse, la liberté de réunion, ces instruments indispensables à tout progrès pacifique; elle a donné les lois sur l'enseignement, destinées à faire une profonde révolution sociale dans le pays; elle a donné la loi sur les Syndicats professionnels, qui est en avance sur nos mœurs ; elle va donner une loi militaire basée sur l'égalité des citoyens devant le plus lourd des impôts ; et, espérons-le, un certain nombre de réformes qui n'ont été accomplies ni par la Monarchie, ni par l'Empire, ni par la majorité réactionnaire de l'Assemblée nationale, puisqu'ils ont laissé au parti républicain le soin de les réaliser.

Il les réalisera avec le concours de tous, en s'inspirant des libres discussions auxquelles tous peuvent prendre part ; il les réalisera par la liberté et par la discussion.

Le boulangisme, lui, recommencerait la sinistre histoire du second Empire : Le coup d'Etat avec toutes ses conséquences d'oppression et de proscription, la dictature — et la guerre entreprise pour un homme et non pour la France !

Voilà pourquoi je suis anti-boulangiste, et que tous les bons citoyens, tous les patriotes, tous les républicains, doivent être anti-boulangistes.

---

www.ingramcontent.com/pod-product-compliance
Lightning Source LLC
Chambersburg PA
CBHW060815280326
41934CB00010B/2703
9782013524407